INVENTAIRE
Ye 10,827

L'ÉPICURIEN

LYONNAIS.

A LYON;

Chez YVERNAULT et CABIN,
Saint-Dominique.

V. Goez.
i. c.

L'ÉPICURIEN
LYONNAIS.

L'ÉPICURIEN
YONNAIS.

Nous ne savons que chanter, boire et rire.
Page 16.

A LYON;

ez YVERNAULT et CABIN, libraires,
rue St.-Dominique, n.° 64.

1810.

PRÉFACE.

La société Épicurienne de Lyon s'est formée à l'instar de celle de Paris. Rire, chanter et boire, voilà le but de son institution. Ainsi, la gaîté, les muses, et l'amitié en font le principal agrément.

Cette société, qui est à son aurore, a tenu sa première séance le 28 janvier 1810. C'est à table, c'est chez le traiteur *Gabet* que les convives se réunissent une fois tous les mois, sous la présidence du plus âgé d'entre eux, pour offrir leur encens au Dieu des vendanges. Les bienfaits qu'il épand libéralement sur nos riches côteaux, la faveur spéciale qu'il accorde à cette ville, qu'il semble avoir choisie pour être la métropole de son vaste commerce, n'exigeaient-ils pas que l'amour et la folie lui dressassent un autel ? Quel Dieu mérite plus nos hommages !

C'est pour ces banquets délicieux et littéraires, qu'ont été composés les vers et les chansons qu'on trouve dans ce recueil, et qui ne roulent presque que sur des mots donnés.

Si nous publions ces pièces éphémères, qui n'ont pas même été revues, c'est moins pour en tirer vanité, connaissant bien leur faiblesse, que pour nous justifier aux yeux de quelques personnes qui nous ont accusés d'être sectateurs d'une mauvaise morale.

Après cet aveu, nous taxerait-on de prétention ? Ce serait une nouvelle erreur dont nous ririons. Prendrait-il à quelqu'un l'envie de nous critiquer ? oh ! pour le coup....

  Si tu censures notre ouvrage,
  Lecteur, dans ta rigidité,
  Nous répondrons à ton outrage...
  En buvant tous à ta santé.

L'ÉPICURIEN LYONNAIS.

PREMIER SERVICE.

ANECDOTE FORÉSIENNE.

Dans les montagnes du Forêt, un peu au-dessus du tombeau de Balbinius, officier célèbre de l'armée de Jules-César, réside la famille Rollin, intéressante par l'inviolable attachement qui unit toutes les personnes qui la composent ; recommandable par les bienfaits qu'elle prodigue aux malheureux et aux voyageurs égarés.

Jamais un indigent n'est entré dans cette maison sans y trouver un asile et du soulagement ; jamais il n'en est sorti sans bénir la providence de tous les secours dont il y avait été comblé.

C'est à bien juste titre que le bon M. Rollin, l'un des principaux habitans de cette contrée, est nommé le père des pauvres, qui n'ont jamais eu de plus zélé protecteur.

Les suites d'un accident arrivé à ce respectable homme, prouvent que celui qui fait constamment le bien, en est presque toujours récompensé par une autre main bienfaisante.

Dans le courant du mois de septembre 1805, M. Rollin était allé à la pêche avec deux de ses amis. Ils s'étaient embarqués sur la Loire, dans un bateau fort léger. Bientôt la crue de ce fleuve, qui est très-fréquente et très-soudaine, les mit, malgré leurs efforts, hors d'état de regagner le rivage. Le bateau, voguant à l'aventure, assailli par un affreux courant, ne tarda pas d'être submergé. Les compagnons d'infortune de M. Rollin savaient un peu nager, et parvinrent, non sans peine, à gagner le bord. Ce malheureux restait donc seul englouti sous les flots, luttant encore contre une mort inévitable. Dans ce moment un chasseur paraît sur la rive opposée, voit ce spectacle affreux, jette son arme et s'élance dans le fleuve. Il était dans toute la force de l'âge ; ses efforts furent secondés par la providence ; il lutte avec succès contre la fureur des flots et ramène M. Rollin qui, un instant plus tard, exhalait son dernier soupir. C'est ainsi que ce courageux jeune homme eut la satisfaction de rendre à ses amis un homme dont ils pleuraient déjà la perte, à sa famille un père tendre, et à la contrée un bienfaiteur qui en était le seul appui.

Après une aussi belle action, Charles, (c'est le nom de cet intéressant jeune homme) se retira pour continuer sa chasse ; il se refusa à toutes les sollicitations qu'on lui fit pour jouir quelque tems de son ouvrage. Il ne voyait dans son dévouement que la satisfaction qu'on éprouve à faire le bien, et partit sans demander seulement quelle était la personne qui lui avait désormais l'obligation de la vie.

Pendant que cette scène se passait dans le Forêt, Mme. Rollin et Clémence sa fille étaient à Lyon à la poursuite d'un procès qui depuis long-tems inquiétait la famille. Elles profitèrent de leur séjour pour se livrer à tous les plaisirs qu'offre une grande ville aux personnes accoutumées à la vie retirée de la campagne. Les bals, les concerts, la promenade étaient les agrémens qu'elles trouvaient le plus de leur goût, et auxquels elles se livraient le plus volontiers. Le spectacle fut seul une privation pour elles. Il n'entrait point dans les principes de la maman d'y conduire sa fille. Mais cela n'empêcha pas, malgré ce sacrifice louable, que Mlle. Clémence, qui était jolie, n'eût des courtisans, et entre autres un Lyonnais, peintre habile, qui s'insinua avec tant d'art par-tout où il pouvait la voir, qu'il réussit à fixer son attention et à lui faire partager les sentimens qu'elle lui avait inspirés. C'est sous les auspices d'Armand, jeune légiste, que cette intrigue commença. Armand était occupé dans l'étude où se poursuivait le procès de M. Rollin. C'est en venant rendre compte à la mère des démarches que l'affaire exigeait, qu'il procurait à son ami l'occasion de s'occuper auprès de la fille de choses non moins importantes. Quelques jours d'assiduité leur prouvèrent à l'un et à l'autre que l'amour étendait sur leur cœur un empire absolu. Le disciple de Raphaël mit en usage tous les moyens que lui fournissait son art, et ne laissait échapper aucune occasion de donner à Clémence des marques de son amour, auquel celle-ci paraissait très-sensible.

Dans le moment où il faisait sa cour avec le plus d'assiduité, il fit une courte absence pour aller peindre le hameau qui était la demeure ordinaire de celle qu'il adorait. Il ne lui communiqua point ce projet ; son intention était de lui ménager une surprise qu'il croyoit lui devoir être agréable.

Ce fut pendant l'absence de Charles que Mme. Rollin reçut la nouvelle de l'accident arrivé à son époux. Il n'est guère possible de trouver des expressions qui puissent rendre la douleur que ce triste évènement causa à la mère et à la fille. Elles partirent aussitôt pour prodiguer au plus tendre des époux et des pères, les soins qu'exigeait sa convalescence. L'une abandonna son procès, l'autre quitta le séjour de son amant sans pouvoir lui dire adieu, et sans espérer de jamais le revoir. Elle était très-inquiète de ce que, depuis plusieurs jours, il n'était venu, elle ne savait à quoi attribuer ce refroidissement, et partit agitée par deux sentimens non moins pénibles l'un que l'autre.

D'un autre côté, quelle fut la surprise de Charles, lorsqu'après avoir rempli son but, et revenant tout joyeux pour présenter son ouvrage à sa chère Clémence, il ne la trouva plus, et ne put connaître la cause d'un départ aussi précipité!....

Une année entière se passa sans qu'il lui fût possible de la voir, même de recevoir de ses nouvelles, malgré l'ardeur qu'il mit dans ses recherches.

Durant cet intervalle, immense pour un cœur enflammé, le procès de M. Rollin se gagna, et sa santé se rétablit entièrement.

Le moment était arrivé où le mystère de tous ces événemens devait se dévoiler.

Le départ de Charles avait été concerté avec Armand, ce jeune élève de Thémis, par qui il avait été si bien servi dans les circonstances précédentes. Armand était du même pays que la famille Rollin. Il avait une bonne nouvelle à annoncer à cette famille respectable, et un amant ne pouvait pas choisir une plus favorable occasion.

Il fut donc décidé qu'ils feraient ce voyage ensemble, en chassant. C'était assez l'habitude de Charles de varier ses jouissances; et souvent, tout en courant pour étudier et peindre des sites pittoresques, il poursuivait le gibier avec ardeur. Peintre et chasseur habile, il excellait dans tous les exercices du corps.

Le jour de leur arrivée dans le canton, lorsqu'ils furent près d'atteindre l'habitation vers laquelle ils dirigeaient leurs pas, avant d'entrer, et pour reprendre haleine, ils se reposèrent dans un bosquet fleuri, qui semblait destiné à devenir le théâtre d'une fête champêtre. Ils examinaient cette agreste enceinte, lorsqu'ils découvrirent à quelques pas de là, des bergers et des bergères qui s'approchaient en faisant éclater la plus vive allégresse. Ils étaient parés de guirlandes de fleurs, ayant à leur tête les musettes et les tambourins. Lorsqu'ils furent plus avancés, quel fut l'étonnement de nos voyageurs, en retrouvant au milieu de ces bons villageois, et sous le modeste accoutrement d'une simple bergère, la belle que l'un d'eux cherchait depuis si long-temps et avec tant de soin !....

La surprise de Charles ne fut pas plus grande que celle de Clémence, qui le reconnut aussitôt à son saisissement. Mme. Rollin qui était à côté de sa fille, fixa les deux amis et s'en approcha. Elle les reconnut à son tour, et leur fit une réception gracieuse et amicale, qui le devint davantage encore lorsqu'ils lui apprirent le gain de son procès.

Le jeune peintre, pour déguiser le vrai motif qui l'avait engagé à suivre Armand, dit à Mme. Rollin que, dès l'instant qu'il avait eu le bonheur de la connaître, il avait pris le plus grand intérêt à tout ce qui concernait sa famille, et qu'il était charmé d'avoir pu profiter de l'occasion qu'avait eue Armand de venir voir son pays natal, pour jouir aussi du plaisir que devait leur causer la bonne nouvelle qu'il apportait.

Parmi les personnes qui se disposaient à célébrer cette fête, Armand retrouva plusieurs de ses camarades d'enfance, qui furent enchantés de le voir et qui lui témoignèrent beaucoup d'amitié.

Cependant, le jeune peintre, quoique très-content de revoir sa Clémence, avait conçu quelque inquiétude sur cette cérémonie, et craignait qu'elle n'eût pour objet la célébration du mariage de sa bien-aimée. Cette idée réprima un peu les élans de sa gaieté naturelle, et le jetta dans une sombre rêverie. Il en sortit bientôt, lorsqu'il sut que tous ces préparatifs étaient destinés à célébrer l'anniversaire du jour où M. Rollin avait eu le bonheur d'échapper au naufrage, par le secours d'un inconnu qui, après cette action généreuse, avait disparu en résistant à toutes les sollicitations qu'on lui avait faites pour se nommer. A ce récit Charles se trouble, chaque détail lui fait éprouver une nouvelle émotion ; il se rappelle que, revenant de dessiner le point de vue de l'habitation de Clémence, et se livrant aux plaisirs de la chasse, il vit une barque de pêcheurs que les flots allaient engloutir, qu'il vola au secours des naufragés, et qu'il fut assez heureux pour en délivrer un. Quelle satisfaction pour lui, si c'est le père de son amie qu'il a sauvé des horreurs du trépas !....

M. Rollin arrive alors, et ses doutes se réalisent ; il va parler...... mais non, il croit devoir laisser d'abord, sans trouble, éclater la joie que sa famille avait à le fêter, se félicitant lui-même de prendre la plus grande part à l'évènement dont on célébrait l'anniversaire.

Lorsque les premiers élans de sensibilité furent passés, Armand fut le premier présenté au bon vieillard, pour lui annoncer le gain de son procès ; cette nouvelle redoubla encore l'allégresse générale. Charles fut à son tour présenté par son ami. Il s'approche, avec timidité et modestie, de M. Rollin, qui le fixe attentivement, cherche à se rappeller ses traits, le reconnaît bientôt, et tombe aux genoux de son libérateur. Charles le relève et se jette dans ses bras avec le plus vif attendrissement.

Aussi ému que surpris à ce spectacle, chacun s'empresse de demander à M. Rollin la cause de ce soudain mouvement. Il s'écrie alors qu'il a retrouvé le sauveur de ses jours. La fête est interrompue, et le courageux Charles ne peut répondre aux félicitations dont il est accablé, aux tendres embrassemens que lui prodigue une famille reconnaissante.

Avec quels transports Clémence se joignit à sa mère !... et quelle joie n'éprouva-t-elle pas, en serrant son amant sur son cœur, de céder au deux sentimens qui partageaient son ame, la reconnaissance et l'amour !....

Les jeux et les danses reprennent un libre cours ; et cette scène attendrissante paraît rendre plus vive encore l'expression de la gaieté.

M. Rollin cherchait en lui-même de quelle manière il pourrait récompenser Charles, et lui témoigner toute sa gratitude. Clémence lui apprit quel don pourrait flatter le plus son libérateur, en lui faisant l'aveu de leurs sentimens mutuels, en le mettant au fait de toutes les circonstances qui l'avaient fait naître, et de la manière dont Armand l'avait protégé.

Pour s'assurer de la sincérité du jeune peintre, cet excellent père le tira à part, et le questionna avec amitié sur l'impression que sa fille, durant son séjour à Lyon, avait pu causer sur son ame; lui disant qu'il était instruit de tous les moyens qu'il avait employés pour lui plaire, et qu'il ne pensait pas qu'avec un cœur aussi noble, il eût eu le dessein de la tromper. Charles, fort de sa conscience, et ne redoutant point la sévérité d'un père, chez M. Rollin qu'il regardait comme son meilleur ami, se confie entièrement à lui. Il lui fit part du motif qui l'avait amené dans la contrée, lorsqu'il avait eu le bonheur de le soustraire à la fureur des flots, et lui demanda

manda la permission d'offrir à sa fille le tableau qu'à cette époque il était venu dessiner pour elle. Il obtint ce qu'il désirait, et la présentation du tableau fut, pour la sensible Clémence, une heureuse allégorie qui lui expliquait cette absence cruelle, dont elle avait tant souffert, et qui lui prouvait qu'on ne l'avait quittée un moment que pour lui ménager une surprise agréable.

Son père lui en causa une plus délicieuse encore. Il consulta son épouse, qui donna son consentement avec joie ; il était sûr d'avance de celui de sa fille ; alors il s'approcha de celui à qui il devait la vie, et lui dit que ne sachant comment récompenser son généreux dévouement, il lui présentait ce qu'il avait de plus précieux et de plus cher. Prenant la main de Clémence, qu'il mit dans celle de son amant ; *Soyez heureux* furent les seules paroles que l'émotion lui permit d'articuler. Les jeunes gens tombèrent à ses genoux et les mouillèrent de larmes de joie. Charles était dans une telle ivresse, qu'il lui fut impossible de témoigner sa reconnaissance, et de peindre la satisfaction qu'il éprouvait en entrant dans une famille, dont les vertus et l'honneur furent de tout tems le plus grand appanage.

C'est ainsi que l'amant et le hardi nocher
Voguent sur une mer que tourmente l'orage ;
Mais lorsqu'enfin au port leur esquif vient toucher,
Tous deux se montrent fiers des dangers du voyage.

HORS-D'ŒUVRE.

VERS ADRESSÉS

A LA SOCIÉTÉ ÉPICURIENNE

DE LYON,

Et lus dans la première séance qu'elle a tenue le 28 janvier 1810.

FAIBLE en savoir, aussi bien qu'en talens,
Sans cesse en vain je maudissais mon être ;
Pour me tirer du sein des ignorans
Il me fallait seulement vous connaître.

Tous vos efforts sont dignes de charmer
L'aimable dieu qui préside au Parnasse ;
C'est parmi vous qu'on apprend à rimer
Des vers coulans pleins d'esprit et de grace.

Entre vos mains les muses aujourd'hui
Ont confié le pinceau de Chapelle ;
D'un si beau nom soyez le ferme appui,
Et surpassez, s'il se peut, le modèle.

De vos succès le charme séduisant
Aiguisera les traits de la satyre ;
Mais pourrez-vous vous fâcher un moment ?...
Vous ne savez que chanter, boire et rire.

Jeunes enfans de l'antique Apollon,
N'écoutez plus qu'une flâme si chère ;
Or, chez Gabet, élevez l'hélicon,
Et ne cherchez les vers qu'au fond du verre.

P. Th....

LES CHARMES DU VIN,

A DÉLIE.

Combien, Délie, amour te fit aimable!...
Ah! quel plaisir d'admirer tes attraits!....
Mais je te vois encor plus adorable
Lorsque le vin peut colorer tes traits.

Quand ce doux jus dérange ta cervelle,
J'aime à ranger mon esprit sous ta loi;
Ton cœur soupire, et ton aveu, cruelle,
S'échappe alors que je trinque avec toi.

Par un accord avec l'enfant volage,
Le gai Bacchus sait combler mon désir:
Un trait d'amour a commencé l'ouvrage,
Un trait de vin est venu le finir.

Jeunes amans, avez-vous une mie!
C'est dans le vin qu'est la route du cœur.
Buvez, chantez; un instant de folie
Fait souvent naître un instant de bonheur.

P. Th....

BOUTADE.

Honni soit l'auteur décharné
Qui vient, menteur impitoyable,
Ne s'étant jamais mis à table,
Vanter les plaisirs du dîné !
Ses vers, ainsi que sa cuisine,
Par un froid mortel sont saisis ;
Pour en faire de bien nourris,
Il faut que tous les jours on dîne.
Pour sentir le prix d'un festin,
Le poëte, que Comus guide,
Quatre heures à table réside ;
Alors, dans un transport divin,
En beaux vers, où le goût préside,
Il chante et bons mets et bon vin ;
Car lorsque le ventre est bien plein
La tête ne peut être vide.

Félix P***.

CONTE
ÉPIGRAMMATIQUE.

Le gros Lucas, amoureux de Simone,
Depuis un mois soupirait, mais envain,
Rien ne voulait accorder la friponne,
Qu'un bon contrat ne l'approuvât soudain..
Or, il fallut recourir à l'hymen.
Quand de son feu notre amant eut fait preuve,
Morgué, dit-il, la chose est vraiment neuve,
Toi seule, amie, as su me résister ;
De ta vertu n'est-ce pas là le gage ?
Je ne puis trop sur ce point insister,
Car on devient chatouilleux en ménage....
Sans tes refus n'aurais fait mariage.
Ah ! répartit Simone vivement :
Par tes discours pouvions-je être trompée ?...
De jour en jour, et par plus d'un amant
J'avions été trop souvent attrapée.

P. Th....

SECOND SERVICE.

ÉPITRE

A Mademoiselle *** qui n'aime pas la morale d'Épicure.

Quel noir esprit, dans sa sotte manie,
A pu t'offrir sous d'affreuses couleurs,
Le sage heureux dont la philosophie
Sait embellir le chemin de la vie,
En le couvrant des plus brillantes fleurs !
Lorsque ta voix lui prête des erreurs,
Tu méconnais sa morale divine.
Peux-tu nommer sophismes corrupteurs,
Les vrais plaisirs que prescrit sa doctrine !
On abusa de ta crédulité,
Lise ; je dois confondre l'imposture
Qui t'a voilé l'aimable vérité.
Ose connaître et juger Épicure :
Organe sûr des lois de la nature,
Sans s'affranchir d'un terrestre lien,
Où tout est mal il sut trouver le bien ;

La volupté que la sagesse épure,
De son flambeau l'éclaire et le conduit.
Servir le Dieu qu'à Cythère on encense,
Voir l'avenir avec indifférence ;
Fixer, au sein d'un modeste réduit,
Gaîté, repos, heureuse insouciance ;
Avec pitié regarder l'opulence
Qui cherche en vain le bonheur qui la fuit ;
Aux coups du sort opposer la constance ;
Jouir de tout, sans abuser de rien,
Et chansonner le trépas qui s'avance,
Voilà son code : il n'est pas très-chrétien,
Mais il suffit à l'humaine foiblesse ;
Il la console, il efface ses maux,
Il sert de guide à l'ardente jeunesse,
En souriant, à la froide vieillesse,
Il sait offrir la coupe enchanteresse,
Où s'enivrait le chantre de Théos.
Lise, c'est là le philosophe impie,
Constant objet de tes malins propos ;
Bon, tu souris..... te voilà convertie !....
Tu ne crois plus à ce langage faux,
Du pédantisme et de la pruderie,
J'ai triomphé !.... Mais comment, diras-tu,
Imitez-vous la facile vertu
D'un précepteur qu'il paraît doux de suivre ?
J'approuve assez son art charmant de vivre :
Vous l'adoptez, j'y consens, c'est fort bien,
Soyez ravi d'être Épicurien,
Chantez, prônez, défendez votre maître,

C'est naturel ; mais les esprits chagrins,
Aux sentimens que vous faites paraître,
Vous jugeront quelque peu libertins.....
Le terme est fort ! il vise à la satire ;
D'autres crieraient, nous ne savons que rire,
Et chez *Gabet*, réunis chaque mois,
En chantant faux quelques couplets grivois,
Mêler l'éclat de nos bruyantes voix,
Au tintement que produisent les verres.
C'est dans ce lieu que les Muses sévères,
Se dépouillant de toute leur fierté,
Daignent sourire à nos chansons légères,
Et partager notre fraternité.
Armand-Gouffé, *Piis* et compagnie,
Comme grands saints chez nous sont révérés.
Sur un autel, dressé par la folie,
Leurs jolis vers par Phébus inspirés,
Font dans nos cœurs naître la noble envie
D'atteindre un jour leur gracieux talent.
Gais conviés du joyeux vaudeville,
Ainsi que vous nous fuyons en chantant,
Tous les *Cotin* qui trottent par la ville,
Et les savans qu'on écoute en bâillant.
Mais par malheur sur le point difficile
Vous imiter se voit très-rarement.
Nous serions tous dans une paix profonde,
Peuples, soldats, héros, sages et fous,
Si tous les rois qui commandent au monde,
Buvaient, chantaient, et pensaient comme nous.

     J. A. M. M***.

ÉPITRE

A M. Félix P***.

Pour l'inviter à présider la société Épicurienne de Lyon.

Enfant gâté des neuf pucelles,
Toi qui vécus toujours près d'elles,
Choyé, caressé tour à tour,
Dont le cœur, conduit par l'amour,
Ne trouva jamais d'infidelles,
Reçois mes vœux et mon encens :
Viens présider à cette table
Où ton esprit et tes talens,
Brillant douze fois tous les ans, (1)
Rendront, cher P***., ton nom durable.
Oui, le séjour des jeux, des ris,
Est pour toi la plus belle place.
C'est là qu'à l'abri des soucis,
Mangeant chaud, buvant à la glace,
Tu guideras de vrais amis,
Jaloux de grimper au Parnasse

---

(1) La société Épicurienne de Lyon, tient ses séances le dernier Dimanche de chaque mois.

Par des sentiers doux et fleuris,
En suivant ton aimable trace.
Abandonne pour la chanson
Un moment ta muse comique,
Et lorsque tu pares ton front
De la couronne dramatique,
Joins-y les roses de *Laujon*. (1)

P. Th....

RÉPONSE.

Air du Vaudeville de l'Avare et son ami.

Quand votre aimable voix m'en presse,
Pourrais-je ne pas vous céder ?
J'accepte donc avec ivresse,
Et je veux bien vous présider.
A table, il faut tous vous attendre
A me voir vous damer le pion ;
Et s'il s'agit d'une chanson,
Comptez sur moi.... pour vous entendre.

---

(2) M. Laujon, membre de l'institut, président du Caveau moderne, et doyen des Chansonniers Français.

LYONNAIS.

Eh, quoi ! sans craindre l'anathême
Vous osez ainsi me flatter !....
Lorsque vous fîtes ce blasphême
La foudre devait éclater.
Moi, triste avorton du Permesse,
Orné des roses de Laujon !....
Mais je les reçois sans façon....
Pour les remettre à leur adresse.

Félix ★★★.

ÉPIGRAMME

SUR UN PROCUREUR PENDU.

Ce Procureur couvert de blâme
Nous surprit quand il fut pendu ;
C'est qu'aussitôt il rendit l'ame...
Il n'avait jamais rien rendu.

LA PUNITION,

CONTE.

Un curé, bon chrétien, rigoriste à l'extrême,
Voulant joindre, à la fois, la pratique aux leçons,
    Pour vivre durant le carême
    Avait fait ses provisions
De soles, de harengs, bref, de tous les poissons
    Qu'à peu de frais le sel conserve :
  Pour le saint tems tout fut mis en réserve.
    Or, notre bon pasteur avait
Dans un certain Jacquot, bedeau, chantre, valet,
    Et le coquin aimait le cabaret.
    Avec les garçons du village,
      Pour sabler le vin clairet,
Incognito, maître Jacquot prenait
    Le poisson que l'on conservait
    Pour entretenir le ménage ;
Tant qu'à la fin le poisson disparut :
Un jour du vol le curé s'apperçut :
Plus de poissons !.... Jugez de sa colère !...
    Il mande soudain le gourmand,
    Et d'une voix rauque et sévère,
Exprime ainsi son fier ressentiment :
« Viens çà, maraud, ma patience est lasse

» Il faut enfin que justice se fasse ;
    » Tu mérites un châtiment.
    » Je veux bien perdre la mémoire
    » Du vin vieux que tu m'as volé ;
    » Mais manger mon poisson salé!....
    » Que mériterais-tu ?.... — De boire.

J. A. M. M***.

PENSÉE ÉPICURIENNE.

Entre Bacchus et la Folie,
Passons gaîment tous nos instans ;
Et si le temps ne nous oublie,
En chantant oublions le temps.

P. Th....

DESSERT.

CHANSONS.

DEMAIN.

Air : *Du lendemain.*

Sur la double colline
Lorsque je veux m'élancer,
Pégase se mutine,
Il me faut y renoncer.
Sur votre aigre cornemuse,
En dépit de ce malin,
Il faut aujourd'hui, ma muse,
Chanter demain.

Le créancier avide,
Dont le billet vient d'écheoir;
L'amant gauche et timide,
Dont on va combler l'espoir;

L'innocente qui s'engage
Sous l'étendard de l'hymen ,
Ces gens-là brûlent, je gage,
　　D'être à demain.

Demain, pour l'opulence
N'arrive jamais trop tôt ;
Demain, pour l'indigence,
Vient plus vîte qu'il ne faut,
L'auteur qui vit d'ambroisie,
Le Gascon qui meurt de faim ;
Ces gens-là n'ont nulle envie
　　D'être à demain.

Le plaisir se présente,
Le sage en jouit soudain ;
La paresse indolente
Se repose sur demain.
Fou qui remet la partie,
Aujourd'hui seul est certain,
Tel qui compte sur la vie ,
　　Mourra demain.

A la brune, à la blonde,
Je dis adieu dès demain ;
Demain je fuis le monde,
Demain je renonce au vin ;
Mais, chérissant sa folie,
Jusqu'au moment de sa fin,
L'homme, pour changer de vie,
　　Attend demain.

L'ÉPICURIEN

Plus d'une ame commune,
Préférant l'or à l'honneur,
En trouvant la fortune,
Croit rencontrer le bonheur ;
Mais tel qui fixe sa roue,
Volant, pillant le prochain,
Peut d'un revers dans la boue
    Tomber demain.

Tant que la poésie
Saura charmer mes loisirs ;
Tant que ma douce amie
M'enivrera de plaisirs ;
Tant que je boirai ma pinte,
En riant du médecin,
Ma foi ! je verrai sans crainte,
    Venir demain.

Dans le feu qui m'inspire,
Je n'aurais jamais fini ;
Mais Phébus vient me dire :
C'est assez pour aujourd'hui,
Sans cet avis charitable
J'allongerais mon refrain,
Pour rester à cette table
    Jusqu'à demain.

              J. A. M. M***.

LE PLAISIR.

AIR : *Si Dorilas.*

Pour mon début dans la carrière,
Chanter les attraits du plaisir ;
L'audace est grande et téméraire,
Pourra-t-elle me réussir ?
Mais enfin votre voix me presse,
Dussé-je un jour m'en repentir,
Amis, je vais dans mon ivresse,
En tremblant chanter le plaisir.

Le plaisir règne sur la terre,
En tous lieux il dicte ses loix,
Il habite sous la chaumière,
Et fuit le palais de nos rois,
L'homme accablé du poids de l'âge,
L'enfant qui commence à courir,
Et la jeune fille au village,
Chacun suit les loix du plaisir.

Pourquoi Léandre, si fidelle,
De Héro malheureux amant,
Sur une fragile nacelle
Brave-t-il un traître élément?

L'ÉPICURIEN

C'est que l'amour, sur l'autre rive,
Retient l'objet de ses désirs,
Et que près de Hérô captive,
Il attend les plus doux plaisirs.

L'amant heureux, et le poète,
Sont les apôtres du plaisir,
Chacun d'eux tour-à-tour le fête,
Et s'empresse de le saisir.
Tous les objets dans la nature,
A leurs yeux savent s'embellir ;
Et comme le sage Epicure,
Ils trouvent par-tout le plaisir.

Plaisir, je t'offre mon hommage,
Je cède à tes traits enchanteurs ;
Tu fais le charme du jeune âge,
Tu pénètres dans tous les cœurs.
Embellis toujours ma carrière,
Ramène vers moi le désir,
Et fais qu'à mon heure dernière
Je revoye encor le plaisir.

Amis, sans consulter mes forces,
J'ai voulu chanter le plaisir ;
Mais par de trompeuses amorces
Je me suis laissé prévenir :
Veuillez permettre que ma peine
A ce couplet vienne finir ;
On ne doit pas être à la gêne,
Lorsque l'on chante le plaisir.

J. F**,

ÇA N' SE VOIT PAS.

Air : *Ça n' se peut pas.*

L'AGE d'or ne vaut pas notre âge,
Notre siècle a tout vu changer :
Jeune beauté n'est plus volage ;
Un amant n'est jamais léger.
De croire ce fait il m'en coûte,
Et je suis comme saint Thomas ;
Messieurs, permettez que j'en doute :
    Ça n' se voit pas.

Enfin, grace à nos lois nouvelles,
Le frippon est homme de bien :
La chicane a perdu ses *ailes*,
L'hymen est un constant lien ;
A la vertu tout rend hommage,
Au mérite on cède le pas ;
Tout va très-bien.... mais quel dommage!
    Ça n' se voit pas.

Sous les yeux d'un tuteur sévère,
Laure frémit au nom d'amour ;
Mais dans l'asyle du mystère,
J'obtiens d'elle un tendre retour :

Pour mieux me peindre sa constance,
Quand son Argus est sur nos pas,
Elle prend l'air d'indifférence ;
  Ça n' se voit pas.

Du tems la faux inévitable,
Flétrit les traits les plus charmans ;
Mais, lorsqu'une femme est aimable,
Elle est toujours dans son printemps :
Envain, sur les traces de Claire,
Le tems veut imprimer ses pas ;
Comme elle a toujours l'art de plaire,
  Ça n' se voit pas.

Je suis, si j'en crois Eulalie,
Un enfant gâté d'Apollon ;
Et toujours la rime s'allie
Dans mes vers avec la raison ;
Mais, hélas ! mon ame inquiette
Craint fort qu'on ne dise tout bas :
Pauvre auteur, dans ta chansonnette,
  Ça n' se voit pas.

LA NAGE.

Air : *Du vaudeville de M. Guillaume.*

Saint Nicolas, toi qu'aujourd'hui j'invoque,
 En ton honneur lorsque je bois,
 Par une faveur réciproque,
 Ah ! soutiens ma trop faible voix !
Mais le malin, riant de mon martyre,
 Et loin de vouloir m'appuyer,
En me harguant, se contente de dire :
 Nage sans t'y fier.

Il faut pourtant, puisque chacun me presse
 De faire entendre mes couplets,
 Travailler, malgré ma faiblesse,
 Et les faire, bons ou mauvais.
Phébus se tait, et dans mon seul courage
 Je dois puiser un feu nouveau.
N'importe. Allons, et pour chanter la nage,
 Je vais me mettre en eau.

De cent façons on nage en ce bas monde ;
 L'étourdi nage en remontant,
 L'enfant s'essaie au bord de l'onde,
 L'homme sage suit le courant.

L'ÉPICURIEN

Pour ne pas voir s'il expose sa vie,
    Le poltron nage sur le dos ;
Et le fripon, cachant sa perfidie....
    Il nage entre deux eaux.

Mes chers amis, apprenez que l'on nage
    De bien d'autres façons encor ;
    L'ivrogne, au milieu d'un nuage,
    L'avare, dans ses monceaux d'or.
Combien, hélas ! il et de gens en France,
    Enivrés de gloire et d'honneur,
Qu'on voit nager au sein de l'opulence,
    Mais non pas du bonheur,

Epoux, croyez à la vertu des femmes,
    Mais sans y croire aveuglément,
    Car la malice, dans leurs ames,
    Se niche aussi trop aisément.
Certain mari, voulait dans la rivière
    Voir tous les cornards voyager ;
Eh ! mon ami, lui dit sa ménagère,
    Tu ne sais pas nager.

Oui, cette vie, hélas ! trop malheureuse,
    Où nous ne faisons que passer,
    Est une rivière orageuse,
    Nous nageons pour la traverser.
Amis, avant d'atteindre le rivage
    Où le noir Caron nous attend,
Par des flonflons égayons le voyage,
    Et buvons en nageant.

                    FÉLIX P***.

IMPROMPTU

A l'auteur de la chanson précédente,

Même air.

Quoi ! tu craignais de manquer de courage,
    Pour remplir ton joyeux sujet !
    Ah ! lorsque tu chantais la nage,
    Dans le plaisir mon cœur nageait.
Eh ! pourquoi donc feindre une crainte vaine,
    Et t'allarmer sur le danger !
Depuis long-temps dans l'onde d'hippocrène,
    Ami, tu sais nager.

        J. A. M. M***.

V'LA C' QUE C'EST QU'UN ÉPICURIEN.

AIR : *V'là c' que c'est que d'aller au bois.*

Un bon vivant, qui chaque jour,
Chante Bacchus, chante l'Amour;
Dont l'ame sans inquiétude,
    Fuit la solitude,
    Et fait son étude,
De chercher par-tout le vrai bien,
V'là c' que c'est qu'un Épicurien.

Que mille petits plats auteurs,
Se déchirent dans leurs fureurs;
Qu'on se provoque, que l'on crie,
    Et qu'on s'injurie
    Pour une folie;
Il rit, sans se mêler de rien :
V'là c' que c'est qu'un Épicurien.

Livrer ses jours à l'amitié,
Voir les pédans avec pitié :
De l'amour écouter l'ivresse,
    Mais avec sagesse,
    S'éloigner sans cesse
Du code platonicien,
V'là c' que c'est qu'un Épicurien.

S'il peut obliger, il le fait ;
Sur la politique il se tait.
Qnand sa maîtresse l'abandonne,
   Sans qu'il s'en étonne
   Son cœur lui pardonne,
En formant un nouveau lien ;
V'là c' que c'est qu'un Épicurien.

Qu'au théâtre mille sifflets
Aillent attaquer ses couplets,
En héros, il fait la culbute ;
   Sans bruit, sans dispute,
   Riant de sa chute,
Il se résigne en bon chrétien ;
V'là c' que c'est qu'un Épicurien.

Content de peu, libre de soin,
Le plaisir est son seul besoin ;
Gaîté, repos, bon vin, folie,
   Amitié chérie,
   Partagent sa vie ;
Il chante encor quand la mort vient,
V'là c' que c'est qu'un Épicurien.
     J. A. M. Mon***.

COUPLETS

Chantés aux invités de la société Épicurienne de Lyon, dans sa séance du 25 mars 1810.

AIR : *De Léonce.*

Amis, je veux, en ce beau jour,
Guidé par l'aimable folie,
Vous apprendre quelle est la vie
Que nous menons en ce séjour;
Nous éloignons toute satyre,
Elle nous cause trop d'effroi;
Manger, boire, chanter et rire,
Éprouver un heureux délire,
Voilà quel est tout notre emploi,
Et c'est le plaisir qui l'inspire.

L'aimable et naïve gaîté
En tous les temps nous accompagne,
Elle est la fidèle compagne
Qui suit notre société.
Jamais les chagrins, les allarmes,
N'assistent à notre festin;

LYONNAIS.

Si quelquefois, rendant les armes,
Du sentiment goûtant les charmes,
Des larmes mouillent notre sein,
Ah ! c'est de vin que sont nos larmes.

Chez nous point de distinction,
Point de rang, point de préférence,
Jamais les droits de la naissance
N'y font de contestation.
Unis d'une amitié sincère,
Nous nous chérissons constamment ;
Jamais une plainte légère ;
L'intrigue nous est étrangère,
Et ce n'est que l'homme à talent
Que l'épicurien révère.

Si quelque censeur indiscret
Vient attaquer notre morale,
Nous ne crions point au scandale ;
Et méprisons son quolibet.
Nous rions du critique austère,
Sans chercher à le corriger ;
Dédaignant son insulte amère,
Sans lui rendre guerre pour guerre ;
A l'unisson, pour se venger,
Chacun de nous vide son verre.

J. F***.

TOUT CE QUI RELUIT N'EST PAS OR.

AIR : *Tenez, moi je suis un bon homme.*

FAIBLE auteur, fuis loin du Parnasse,
Me dit le rigide Apollon ;
J'obéis ; mais dans ma disgrace,
En quittant le sacré vallon,
J'apperçus un sot qu'on admire,
Et je voulus chanter encor,
Avant que de briser ma lyre :
Tout ce qui reluit n'est pas or.

Dans un cercle voyez Élise,
Vous direz : voilà la candeur ;
Lindor, qui croit à sa franchise,
Est fier de régner sur son cœur :
Hier cette innocente Élise,
Pour moi, vient de trahir Lindor ;
Ce qui confirme ma devise :
Tout ce qui reluit n'est pas or.

Profitant de la circonstance,
Mondor a, de maint créancier,
Obtenu finale quittance,
En ne donnant que du papier ;

Mais, Mondor, aux regards du sage,
Tout l'argent de votre trésor
N'offre qu'un honteux alliage :
Tout ce qui reluit n'est pas or.

Du ver luisant, les étincelles
Redoutent la clarté du jour,
Ainsi nos vers vantés des belles,
Ne brillent qu'aux yeux de l'amour;
Et souvent des censeurs sévères,
A leur bile donnant l'essor,
Disent de nos muses légères :
Tout ce qui reluit n'est pas or.

BON SOIR.

Air : *De la cavatine du Bouffe.*

Sur un mot que me jette
  Le sort,
Faire une chansonnette !....
  C'est fort.
Il faut, quand on l'ordonne,
  Vouloir ;
Mais pour la faire bonne.....
  Bon soir.

A Racine, à Voltaire,
  Je cours,
J'y suis pour voir Molière,
  Toujours.
Plein de poison, de flâme,
  Bien noir,
Au sombre mélodrame....
  Bon soir.

L'esprit qu'un sot achète
  Par-tout ;
Lui vaut mainte conquête
  De goût.

Sa mémoire le quitte ;
    Savoir,
Conquêtes et mérite,
    Bon soir.

Ce vieillard, petit-maître,
    Valsain,
Épuisé, veut connaître
    L'hymen.
Le jour il sait se faire
    Valoir,
Mais quand vient le mystère....
    Bon soir.

Maint tapageur se fâche
    D'un mot,
Et l'on court à Perrache,
    Bientôt.
On va dans une auberge
    Se voir,
Mais tirer la flamberge....
    Bon soir.

L'eau fait de la nature
    Le bien,
Sans l'eau toute verdure
    N'est rien.

L'ÉPICURIEN

L'eau doit donc sur la terre
  Pleuvoir ;
Mais de l'eau dans mon verre.....
  Bon soir.

Lorsque va, de sa rame,
  Caron,
Me mener à l'infâme
  Pluton ;
Ne tendez votre lyre
  De noir ;
Venez gaîment me dire
  Bon soir.

FÉLIX P***.

MA PHILOSOPHIE.

Air : *Tarare pompon.*

Puique sur nos côteaux,
Mûrit le fruit qui donne
Ce doux jus dont l'automne
Enrichit nos caveaux ;
Puisque notre industrie
Inventa des flacons,
Tous les jours de la vie,
  Buvons.

Puisqu'un drame ennuyeux
Se nomme comédie ;
Puisqu'aujourd'hui Thalie
A les larmes aux yeux ;
Puisqu'on rit chez *Balaine*,
Au bruit des gais flonflons,
Jusques à perdre haleine,
  Chantons.

Puisque par les chagrins
Notre âme est affaiblie ;
Puisqu'on voit la folie
Offrir des jours sereins ;

L'ÉPICURIEN

Sans soucis, sans allarmes,
En rimant nos chansons,
Laissons couler les larmes,
    Rions.

Puisque l'on cherche en vain
Une femme fidelle,
Je vois dans chaque belle
Ma bouteille de vin :
Tant qu'elle emplit mon verre
Je dis : buvons, aimons ;
Devient-elle légère :
    Changeons.

Puisque sans nul repos,
Pour fournir la cuisine,
On pêche, on assassine,
D'innocens animaux ;
Puisque *Gabet* nous livre
Les mets que nous voulons ;
Puisqu'enfin il faut vivre,
    Mangeons.

        J. A. M. Mon✶✶✶.

AUTANT

AUTANT EN EMPORTE LE VENT.

Air : *A faire.*

L'AMOUR a pour moi mille charmes,
Je lui consacre mes beaux jours ;
Souvent il voit couler mes larmes,
Hélas rend-il heureux toujours ?
Loin de moi cette folle ivresse
Qu'on supporte éternellement :
Je jure bien d'aimer sans cesse,
Mais à peine a-t-on ma promesse,
Autant en emporte le vent.

Ces fiers enfans, de qui Bellone
Protège les brillans succès,
Ces Français que sa main couronne,
Dans peu détruiront les Anglais ;
Voyez-vous leur flotte ennemie,
Leurs soldats à l'œil menaçant,
Et leur orgueil et leur envie ?....
Devant nous quelle est leur folie !
Autant en emporte le vent.

Je ne veux point courir la chance
De la fortune et du hasard,
En coulant mes jours dans l'aisance,
Du plaisir je suis l'étendard ;

L'ÉPICURIEN

Entre mon amie et ma pinte,
Qui mieux que moi boit en chantant ?
Sans ennui, sans peine et sans crainte,
L'amour me fait-il quelque plainte !
Autant en emporte le vent.

Lise est belle, Lucas l'adore,
Et l'amour sait les inspirer ;
Le matin et le soir encore,
On les voit tous deux soupirer.
Envain a-t-on fait la défense
A Lise d'avoir un amant :
Quand le désir perce en silence,
Leçon, prière, remontrance,
Autant en emporte le vent.

Quand Comus chaque mois m'invite
A chanter et rire avec vous,
Plus gai que ne fut Démocrite,
J'accours à ce banquet si doux.
Ah ! si la mort venait m'y prendre,
Quel serait mon saisissement !
Hélas ! il faudrait bien me rendre :
Contre elle on a beau se défendre,
Autant en emporte le vent.

P. TH....

QUI TROP EMBRASSE
MAL ÉTREINT.

Air : *Ma tendresse est une folie.*

L'ambitieux dans son ivresse,
Désire tout avec ardeur,
Loin d'acquérir honneur, richesse,
Il perd bien souvent le bonheur.
Que chacun de nous soit plus sage,
N'allons jamais qu'à petit train,
Et rappelons-nous cet adage,
Qui trop embrasse mal étreint.

Si le sort nous fait dans la vie
Docteur, militaire, avocat ;
Bornons-nous à notre génie,
Et ne changeons jamais d'état.
Changement et métamorphose
De l'intrigant sont le refrain,
Mais il y gagne peu de chose ;
Qui trop embrasse mal étreint.

Croyant obtenir son suffrage,
Devant un seigneur en crédit,
Dorimon vantait son langage,
Et ses talens, et son esprit.

Il savait tout, grammaire, histoire,
Et rimait aussi le quatrain ;
Mais il n'en eut que le déboire ;
Qui trop embrasse mal étreint.

Sur l'heureux sujet que je traite,
Je pourrais faire vingt couplets ;
Mais permettez que je m'arrête,
Il en est bien temps ou jamais ;
Je craindrais que votre critique,
En se servant de mon refrain,
Ne me dît d'un ton prophétique :
Qui trop embrasse mal etreint.

J. F★★★.

GABET.

AIR : *Vaudeville de Mme. Scarron.*

CÉLÉBRONS (*bis.*) l'homme respectable,
Par qui chaque mois
Nous sommes heureux une fois.
De Gabet (*bis.*) pour vanter la table,
A défaut d'esprit,
Consacrons tout notre appétit.

De Paris jusques à Rome,
Gabet doit se voir fêter,
Car c'est le plus habile homme
Dans l'art de bien apprêter.
Si bon traiteur signifie
Empoisonneur et demi,
Soyons toute la vie
Empoisonnés par lui.

Célébrons, etc.

Gais sectateurs d'Épicure,
D'après ses doctes leçons,
Nous buvons outre mesure,
Nous rions et nous chantons.

A Gabet revient la gloire
Que l'on nous voit remporter :
  Il faut manger pour boire,
  Et boire pour chanter.

Célébrons, etc.

Sans jamais oser prétendre
Aux talens délicieux
Du chansonnier qui sut rendre
Balaine à jamais fameux.
Amis, que Gabet devienne,
Malgré mes pauvres couplets,
  Le célèbre Balaine
  Du caveau Lyonnais.

Célébrons, etc.

Chez Gabet douce allégresse,
En arrivant nous saisit ;
Douleur, soucis et tristesse,
A l'instant tout cela fuit.
Nous rions de telle sorte,
Que chacun, prêt à sortir,
  De chez Gabet emporte
  Pour un mois de plaisir.

Célébrons, etc.

La sage philosophie
Fixe en ces lieux son manoir ;
Oui, les fléaux de la vie,
Chez Gabet sont sans pouvoir.

LYONNAIS.

L'on oublie ici la peine,
L'on s'y moque d'Atropos ;
 Lorsque la bouche est pleine,
 Songe-t-on à ses maux ?

Célébrons, etc.

Quand d'une aussi belle vie,
Tranchant le fil à regret,
Un jour la Parque ennemie
Nous enlèvera Gabet :
A la tombe il faut le suivre,
De fleurs lui faire un autel.
 Celui qui nous fait vivre,
 Doit mourir immortel.

Célébrons (*bis.*) l'homme respectable,
 Par qui, chaque mois,
Nous sommes heureux une fois.
De Gabet (*bis.*) pour vanter la table,
 A défaut d'esprit
Consacrons tout notre appétit.

FÉLIX P***,

LA MAIN COURANTE.

Air : *Ses yeux disent tout le contraire.*

Le sort me destine un billet,
On agite l'urne fatale ;
Et je tombe sur un sujet,
Qu'en stérilité rien n'égale.
Lorsque ma main le choisissait,
Incertaine, elle était tremblante.....
Son trouble alors me présageait
Que j'étais sur la main courante.

Pour bien connaître son *avoir*,
Un commerçant tient un grand livre ;
Pour le tarif de mon savoir,
Moi, sur ce point, je veux le suivre :
Je tiendrai note de l'*actif*,
Des vers que je dois mettre en vente;
Mais je vais porter au *passif*
Mes couplets sur ma main courante.

Le papillon, sur mille fleurs,
Promène son aile volage ;
Laure, tes attraits enchanteurs
De ces fleurs sont pour moi l'image ;

Car si ma main, sur tes appas
Se fixait, dans ma joie ardente,
Ma foi, je ne répondrais pas
Qu'elle ne devînt main courante.

Saint-Fal, qui compte vingt printems,
Me dit qu'il se met en ménage ;
Il croit sa belle, à quarante ans,
Encor novice en mariage ;
L'hymen alluma son flambeau
Déjà deux fois pour son amante ;
Je lui réponds : pauvre badaud,
Tu ne prends qu'une main courante.

Il n'est pas de plus grand gourmand
Que moi, dans la machine ronde ;
Pour trouver un dîner friand,
J'irais jusques au bout du monde.
A la table où nous immolons
Tout à notre faim dévorante,
Sur les plats et sur les flacons,
On voit toujours ma main courante.

La chûte de chaque couplet
Va m'attirer votre censure ;
Mais dites-moi votre secret,
Je ferai mieux, je vous l'assure.
Ah ! si mes vers ne valent rien,
J'offre une excuse suffisante ;
Si vous ne les trouvez pas bien,
C'est qu'ils sont faits à main courante.

TROP PARLER NUIT.

Air : *Du lendemain.*

Pour bien remplir ma tâche,
Depuis quatre jours, et plus,
J'invoque sans relâche
Phébus, Bacchus et Momus;
Las de voir trotter ma langue,
En fuyant, ces dieux m'ont dit:
Peste soit de ta harangue,
  Trop parler nuit.

 Paul, épris de sa femme,
Comme un sot qui n'a rien vu,
En tous lieux, de la dame,
Prône la chaste vertu.
Dansant à certaine fête
Il la surprend une nuit ;
Et dit en grattant sa tête ;
  Trop parler nuit.

 Luc, auteur dramatique,
Bavard, s'il en fût jamais ;
Avec sa rhétorique,
Ose prétendre au succès ;

Pour sa longueur assommante
Sa pièce tombe avec bruit,
Et le public malin chante :
    Trop parler nuit.

Pour briller dans le monde,
Roch, misérable envieux,
Fait courir à la ronde
Ses pamphlets injurieux ;
Mais le fat, à coups de gaules,
Dans son grenier reconduit,
Dit en frottant ses épaules :
    Trop parler nuit.

Que Rapin s'enrichisse
En volant le bien d'autrui,
Qu'on vende la justice,
Qu'Agnès trompe son mari ;
Qu'on bâille à l'académie,
Qu'on soit gai dans ce réduit,
Je me tais.... car dans la vie,
    Trop parler nuit.

Lorsqu'ici, chers confrères,
Le plaisir fixe nos pas,
Vider vingt fois nos verres,
Par bonheur ça ne nuit pas.
De ma musette en délire,
Accueillez ce nouveau fruit ;
Sur-tout n'allez pas me dire :
    Trop parler nuit.

              J. A. M. Mon***.

QUAND LE VIN EST VERSÉ,
IL FAUT LE BOIRE.

AIR : *Des fleurettes.*

Rimant malgré Minerve,
Sans sel et sans raison,
J'excite en vain ma verve
Pour faire une chanson.
Ma faiblesse étant notoire,
J'en dois être dispensé ;
Mais non, le vin est versé,
   Il faut le boire.

Quand on mène une affaire
Trop précipitamment,
Le succès est contraire,
Bientôt on s'en repent :
Pour éviter tout déboire
Ne soyons jamais pressé ;
Car quand le vin est versé,
   Il faut le boire.

On voit sur le théâtre
La pièce de Damon,
Il en est idolâtre,
Quoique rien n'y soit bon,

Elle

Elle tombe..... on peut le croire,
Il en est très-offensé ;
Mais quand le vin est versé,
 Il faut le boire.
 Pour calmer la querelle
Qu'il me fit sans raison,
 Grégoire bat de l'aile,
 Et quitte la maison.
Un instant, l'ami Grégoire,
L'affront n'est point effacé ;
Lorsque le vin est versé,
 Il faut le boire.

 Bien que la chose peine,
Il faut sauter le pas,
 Et quand vient l'inhumaine,
 Se dire adieu tout bas.
Chacun peut chanter victoire,
Quand il n'est pas terrassé ;
Mais quand le vin est versé,
 Il faut le boire.

 J'allais suivre ma fable,
 Mais un heureux hazard
 Me fait voir sur la table
 Un vin vieux de Pomard.
Je laisse là le grimoire
Dont votre esprit est lassé,
Et dis : le vin est versé,
 Il faut le boire.
  J. F**.

LE MANTEAU.

Air : *Du Vaudeville de Haine aux Femmes.*

Le sage a peint la vérité
Belle, sans art, et toute nue ;
On fuit la déesse ingénue,
A cause de sa nudité.
L'aveuglement la congédie,
L'erreur nous cache son flambeau ;
Heureusement l'allégorie
La fait passer sous son manteau.

Oh ! que les femmes ont d'esprit !
Dans le siècle heureux où nous sommes,
Elles parlent comme les hommes,
D'un bal, et d'un nouvel écrit.
Pour se livrer à la science
Elles ont quitté le fuseau ;
Mais des vertus, de la décence,
On ne leur voit que le manteau.

Griffon, méchant poètereau,
Pour cueillir la palme immortelle,
Débute par un plat libelle,
Qu'on débite sous le manteau ;

Mais le public discret et sage,
Riant de cet astre nouveau,
Et sur l'auteur, et sur l'ouvrage,
Par pitié jette le manteau.

L'art de ménager le plaisir,
O femmes ! voilà votre empire :
Vous plaisez tant qu'on vous désire,
On fuit ce qu'on voit à loisir ;
Mais si vous voulez long-temps plaire,
Par un charme toujours nouveau,
De la pudeur et du mystère,
Ne quittez jamais le manteau.

A rimer un joyeux refrain,
Lorsque la gaîté me convie,
Sous le manteau de la folie,
J'échappe au critique malin.
Quoique je ne sache que boire,
Si quelque jour, incognito,
J'arrive au temple de mémoire,
Je passerai sous son manteau.

    J. A. M. Mon***.

DE NÉCESSITÉ VERTU.

AIR : *Ce boudoir est mon Parnasse.*

Quoi ! malgré mon impuissance,
Même en dépit d'Apollon,
Je dois, à cette séance,
Apporter une chanson !
Comme on ne fait point de grace,
Quand un mot vous est échu,
Je sens qu'il faut que je fasse
De nécessité vertu.

Un mari, qui pour sa femme
Brûle du plus tendre amour,
D'une illégitime flâme
La soupçonne atteinte un jour.
Il découvre le mystère,
Et le pauvre époux..... battu,
Se voit obligé de faire
De nécessité vertu.

Lise, jeune, aimable et sage,
Epouse le vieux Mondor,
Qui n'apporte en mariage
Que sa goutte et beaucoup d'or.

Après plus d'une entreprise,
Le vieux Mondor abattu,
Fait faire à la pauvre Lise
De nécessité vertu.

Chloé, qui dans son jeune âge
Eut des amans à foison,
Maintenant de femme sage
Se donne en tout lieu le nom;
Mais, comme avec sa jeunesse
Ses amans ont disparu,
Elle fait, dans sa détresse,
De nécessité vertu.

Sans train, sans cérémonie,
Loin de ce faste ennuyeux,
Une table bien garnie
Sufrit pour combler mes vœux;
Mais il ne me convient guère,
Près d'un dîner malotru,
De me voir forcé de faire
De nécessité vertu.

Quand du temps la faux cruelle
Va m'envoyer chez Pluton;
En riant dans sa nacelle
Je prétends narguer Caron.
Et puisqu'il faut que j'y passe,
Puisque c'est un sort conclu,
Autant vaut-il que je fasse
De nécessité vertu.

FÉLIX P***.

LES ABSENS ONT TOUJOURS TORT.

AIR : *Lise épouse l' beau Gernance.*

VOLTAIRE, pendant sa vie
Fut toujours digne d'envie ;
Mais à présent qu'il est mort
Sur lui la critique mord ;
On voit par cette manie
Que l'on n'est jamais d'accord,
Et que, malgré leur génie,
Les absens ont toujours tort.

Damon part pour un voyage,
Forlis trouble son ménage,
Et sous un air d'amitié,
Veut séduire sa moitié.
A l'honneur toujours fidelle,
Lise résiste d'abord,
Mais bientôt elle chancelle....
Les absens ont toujours tort.

Profitant de mon absence,
On rend contre moi sentence,
Quoique l'on sache fort bien
Que je n'ai fait que du bien,

Eloigné de ma patrie,
Je n'ai plus aucun support,
On croit à la calomnie :
Les absens ont toujours tort.

 Fi de la sombre tristesse,
Le plaisir seul m'intéresse,
Et c'est lui qui chaque mois
Inspire ma faible voix.
Auprès de mets délectables
Je vois s'embellir mon sort,
Et dans nos banquets aimables,
Les absens ont toujours tort.

 Quelque tourment qu'on me donne,
Je ne me plains de personne,
Et je bannis mon chagrin
En chantant joyeux refrain.
Il faut que dans cette vie
Chacun supporte son sort,
Car pour mourir.... c'est folie,
Les absens ont toujours tort.

J. F**.

LE JEU N'EN VAUT PAS LA CHANDELLE.

Air : *Regard vif, et joli maintien.*

Qu'un chansonnier audacieux,
Au sommet du Parnasse grimpe,
Que pour six couplets ennuyeux,
Il aille invoquer tout l'Olympe ;
Moi je dis sur un autre ton,
Fier de ma gaîté naturelle :
Laissons en repos Apollon,
L'implorer pour une chanson,
Le jeu n'en vaut pas (*bis.*) la chandelle.

J'estime le vaillant guerrier,
Qu'on voit sur le champ de bataille,
Armé d'un redoutable acier,
Frapper et d'estoc et de taille.
Mais ferrailler avec ardeur,
Pour une maîtresse infidelle ;
Sur le pré montrer sa valeur,
Souvent pour un faux point d'honneur,
Le jeu n'en vaut pas (*bis.*) la chandelle.

Petits poètes, grands savans,
Vous qui dans votre cotterie,
Montrez gratis à bien des gens
L'art de bâiller en compagnie.
Vous croyez tous qu'on applaudit
Votre pompeuse bagatelle;
Détrompez-vous car chacun dit:
De vos séances de la nuit....
Le jeu n'en vaut pas (*bis.*) la chandelle.

Dorimont vient de mettre au jour
Un mélodrame à grand spectacle;
Dans cet ouvrage, tour-à-tour,
Chaque incident est un miracle;
Les décors font un bel effet;
Sur les acteurs l'or étincelle;
On aime beaucoup le ballet;
Mais pour l'intrigue et le sujet,
Le jeu n'en vaut pas (*bis.*) la chandelle.

Elevée au fond d'un couvent,
Estelle, à la fleur de son âge,
Se faisait un tableau charmant
Des doux plaisirs du mariage:
Par intérêt au vieux Dorval
On unit la sensible Estelle,
Qui, le soir de ce jour fatal,
Dit, quittant le lit conjugal,
Le jeu n'en vaut pas (*bis.*) la chandelle.

L'ÉPICURIEN

Puisque notre existence, enfin,
N'est qu'une lueur passagère,
Le bonheur, un fantôme vain,
Et l'espérance, une chimère ;
Je sauterai gaîment le pas,
Sans accuser la mort cruelle ;
Las du monde et de son fracas,
En partant je dirai tout bas :
Le jeu n'en vaut pas (*bis.*) la chandelle.

     J. A. M. M***.

JE M'EN MOQUE

COMME DE COLIN-TAMPON.

AIR : *Vaudeville de Jean Monnet.*

Que malgré ma Muse étiqué,
Je doive aujourd'hui rimer ;
Que sur un mot peu lyrique
Il faille encor m'escrimer ;
  Sans façon,
  Sans raison,
Que ma chanson soit baroque ;
Moi, je bois ; et je m'en moque
Comme de Colin-Tampon.

LYONNAIS.

Que celui-là soit Papiste,
Celui-ci Luthérien,
Que l'autre soit Janséniste,
Et l'autre Cartésien.
  Du Lapon,
  Du Jappon,
Ou de Marie-Alacoque,
Qu'on chosisse ; je m'en moque
Comme de Colin-Tampon.

Dans son humeur vagabonde,
Conduit par la soif de l'or,
Que Dosmon coure le monde
Pour augmenter son trésor ;
  Oui Dosmon
  A raison ;
Mais, heureux dans ma bicoque,
J'y demeure ; et je m'en moque
Comme de Colin-Tampon.

D'amour je suis un modèle ;
A Lise je fais serment,
Si toujours elle est fidèle,
De l'aimer fidèlement ;
  Mais, sinon,
  Au soupçon
D'une constance équivoque,
Je la quitte ; et je m'en moque
Comme de Colin-Tampon.

L'ÉPICURIEN

  Qu'un fat, noble ou de roture,
Affiche un luxe insultant ;
Enfoncé dans sa voiture,
Qu'il m'éclabousse en passant.
   Moi, piéton,
   Le grand ton
Ne me surprend ni me choque,
Je m'essuie ; et je m'en moque
Comme de Colin-Tampon.

  Sans regret et sans envie,
Sans tourmens et sans ennuis,
Si d'une joyeuse vie
Jusques au bout je jouis :
   Que Pluton,
   Ce luron,
Plus tôt ou plus tard m'invoque,
Je l'attends, et je m'en moque
Comme de Colin-Tampon.

      FÉLIX P***.

CHANSONS
DE CORRESPONDANS.

LE TEMS PASSÉ ET LE TEMS PRÉSENT.

AIR : *J'ai vu par-tout dans mes voyages.*

Jadis on aimait en silence,
Le respect conduisait l'amour ;
Après des siècles de constance
On obtenait un doux retour.
Aujourd'hui l'on aime, on sait plaire,
On devient heureux en un jour ;
On s'était lié sans mystère,
On se sépare sans détour.

Jadis une amante infidelle
Coûtait la mort à son amant ;
Certes, se noyer pour sa belle,
Ce n'est pas aimer faiblement !
Aujourd'hui, dès qu'une maîtresse
A couronné tous nos désirs,
On doit la gagner de vîtesse,
Rompre, et chercher d'autres plaisirs.

L'ÉPICURIEN

Jadis Molière et Lafontaine
Au bon goût consacraient leur voix ;
Boileau, s'élançant dans l'arène,
Au Parnasse dictait des lois.
Aujourd'hui la double colline
Ne reconnaît plus Apollon ;
Palmézeaux corrige Racine,
C..... fait revivre Pradon.

Jadis on avait des scrupules.....
Les bonnes gens que nos aieux !
Nous rions de leurs ridicules.....
Ils étaient simples et pieux.
Aujourd'hui tout devient problême,
L'honneur, la vertu sont des mots :
On détrônerait Dieu lui-même,
S'il n'en fallait un pour les sots.

Jadis un juge inaccessible,
Ne recevait pas de présens :
Thémis était incorruptible.....
Oh ! je vous parle de long-tems.
Mais *aujourd'hui*, chose incroyable,
Plutus règne, et l'or tout puissant
De l'innocent fait un coupable,
Et du coupable un innocent.

Jadis le joyeux vaudeville,
Comptait Piron, Collé, Favart ;
La cour, la campagne et la ville
Chantaient les couplets de Panard.

LYONNAIS.

Aujourd'hui nouvelle méthode ;
Leur gaîté franche n'a plus cours :
Pour plaire, pour être à la mode,
Il faut parler en calembourgs.

Jadis enfin la modestie
Etait compagne des talens ;
Exempt d'orgueil, le vrai génie
Obtenait des succès constans.
Aujourd'hui, quelle différence !
Voyez tous nos jeunes auteurs :
La sottise et la suffisance
Sont le marchepied des honneurs.

Terminons cette litanie,
Qui pourrait durer plus d'un jour,
Le monde est une comédie
Où nous figurons tour-à-tour.
Je ne veux pas, censeur austère,
Pousser des *hélas !* superflus.....
Où la satire est trop amère,
La gaîté ne domine plus.

TÉZENAS, *avocat, rédacteur du Journal de la Loire.*

A L'ŒUVRE ON CONNAIT L'OUVRIER.

Air : *Pégase est un cheval qui porte.*

Vous ne verrez point de ma lyre
Découler des vers bien brillans,
Et de la mordante satyre
Je craindrai les traits en tous tems ;
J'aime un jugement sans nuage,
Au vôtre je puis me lier ;
Car je sais que selon l'usage,
A l'œuvre on connaît l'ouvrier.

D'une fille jolie et sage,
Dolis convoite les faveurs,
C'est en vain..... sans le mariage
Il n'essuyera que des rigueurs.
Après tant de sermens, ma belle,
Faut-il de moi vous défier !
Je vous crois, mais, ajouta-t-elle,
A l'œuvre on connaît l'ouvrier.

Un jeune homme plein d'arrogance,
Voudrait faire le fanfaron ;
Malheur, dit-il, à qui m'offense,
Je le mets vite à la raison :

On s'attend qu'il va tout abattre ;
Doucement..... doit-on oublier
Que lorsqu'il s'agit de se battre,
A l'œuvre on connaît l'ouvrier !

De ce nectar couleur de rose,
Ce buveur chante les attraits ;
Voyez-vous comme il en arrose
Son gosier pour le tenir frais !
A lamper il place sa gloire,
De ses plaisirs c'est le premier ;
Il prouve, en son ardeur à boire
Qu'à l'œuvre on connaît l'ouvrier.

Sitôt le lever de l'aurore,
Quand tout annonce un jour serein,
Et que l'herbe paraît encore
Brillante des pleurs du matin ;
L'esprit en extase j'admire
Du Tout-Puissant l'ouvrage entier,
Et je me sens forcé de dire :
A l'œuvre on connaît l'ouvrier.

Vous que jamais rien n'intimide,
Jeunes favoris d'Apollon,
Sur Pégase, d'un vol rapide,
Vous parcourez tout l'Hélicon.
Ah ! que ne puis-je, avec aisance,
Comme vous, dompter ce coursier,
Qu'on dise, enfin, sans indulgence :
A l'œuvre on connaît *l'ouvrier*.

M. J. LOUVRIER.

ERRATA.

Page 1, ligne 2, lisez *Balbinus* au lieu de *Balbinius*.

Page 3, ligne 12, lisez *un mortel généreux*, au lieu d'*un homme*.

Page 5, ligne 19, lisez *devoir lui*, au lieu de *lui devoir*.

Page 10, ligne 2, lisez *de*, au lieu de *pour*.

Page 12, ligne 7, lisez *qui les avaient fait naître*, au lieu de *qui l'avaient fait naître*.

Même page, ligne 20, lisez *dans*, au lieu de *chez*.

Page 61, dernier couplet, sixième vers, lisez *mon*, au lieu de *votre*.

www.ingramcontent.com/pod-product-compliance
Lightning Source LLC
LaVergne TN
LVHW050613090426
835512LV00008B/1474